AF321067

OBSERVATIONS

SUR

LE CALENDRIER RÉPUBLICAIN.

Le 15 Floréal., an 3 de la République.

IL est, pour la guérison des maladies, des époques qu'il faut saisir, et auxquelles on doit adapter des traitemens différens. Les préjugés sont une maladie de l'esprit; pour la bien traiter, il faut aussi considérer les diverses périodes où on l'attaque. Des palliatifs peuvent quelquefois empêcher le germe destructeur de la santé de se développer; mais si une plaie invétérée n'est attaquée au vif, on ne saurait parvenir à arrêter ses progrès. La meilleure arme avec laquelle on puisse commencer à attaquer la superstition, est incontestablement le ridicule; mais si, lorsqu'il est question d'abus nuisibles au gouvernement, à l'ordre social, on se borne

A

à ce moyen, le mal s'accroît par les ménagemens. La nécessité d'employer la force et les voies coactives, dans de pareilles circonstances, est encore bien plus impérieuse pendant une révolution. La sévérité est, pour l'intérêt général, la première base des principes de justice applicables à ces grandes époques. Pendant une tempête, on ne sauverait pas un vaisseau des dangers qui le menacent, si l'on ne faisait d'autres manœuvres que celles d'usage pour les temps calmes.

On a manqué de profiter de l'instant où, fort de l'opinion publique, on pouvait sans peine extirper les préjugés. Lorsque la plus grande partie des citoyens avait, de son propre mouvement, retiré des temples les costumes dont s'affublaient les ministres hypocrites d'un culte exclusif et protecteur de la royauté ; lorsque la superstition abattue avait laissé un libre champ à la raison, le moment d'établir avec solidité son empire était arrivé, et il aurait été facile de prendre des mesures pour faire concorder les jours de travail, de repos, de réunion des citoyens, avec le calendrier républicain, une des plus belles conceptions de l'esprit humain. Mais avant que la révolution fût achevée, on a prêté l'oreille aux perfides insinuations de ces prétendus amis de l'équité, qui ont toujours su adroitement profiter des faiblesses du gouvernement; et puisqu'on a laissé un cours trop libre aux canaux par lesquels le venin de la superstition s'est introduit dans l'opinion publique, et en a corrompu les sources, il faut opposer une digue au torrent: il est temps ou jamais que la loi parle avec énergie, et qu'elle cesse de transiger avec les abus.

La loi qui substitue l'ère de la république à l'ère vulgaire, est inhérente à la forme du gouvernement. Il ne saurait exister de meilleure division du temps que celle qui, comme les poids et mesures, est soumise au calcul décimal. Il faut donc bien se garder d'apporter des changemens dans la distribution des jours en décades.

Cette distribution qui, ne concordant avec les cultes d'aucune secte, déroute les gens superstitieux, écarte les préjugés, est la plus convenable à une nation qui veut tolérer toutes les religions, sans permettre pour aucune des pratiques extérieures.

Si, sous de spécieux prétextes, on adoptait une division du temps calculée sur six jours de travail et un jour de repos, quelque dénomination que l'on donnât aux jours, on remettrait sur la voie des anciens abus. Le septième serait toujours un *Dimanche*, et le mot entraî-nant la chose, à l'idée du repos serait substituée celle du fanatisme.

Sans doute, il faut que le corps se délasse après de longs travaux ; aussi les jours de repos sont-ils, par leur nature, une institution plutôt civile que reli-gieuse, mais dont la superstition a telle-ment su tirer parti dans des siècles d'igno-rance, que les préjugés, fortifiés par une longue habitude, ont une peine extrême à être dissipés par le flambeau de la raison et de la philosophie.

(5)

Les sectaires ne manquent par d'argu-
menter contre le nouveau calendrier, des
prétendues entraves qu'il apporte aux
opérations du commerce tant intérieur
qu'extérieur (*), et de l'insuffisance de
trois jours de repos sur trente. Mais pour
rendre la première objection nulle à
l'égard des étrangers, et faire concorder
les deux ères, il suffit de les relater l'une
et l'autre comme on le fait en tête des
papiers publics; et, sous d'autres rapports,
quelle facilité une division du temps qui
simplifie tous les calculs, n'établira-t-elle
pas dans le commerce intérieur! On ne
doute point des avantages qui devront
résulter de la fixation des nouveaux poids
et mesures, calquée sur la même base;

(*) La Porte et la Russie ne suivent pas l'ère
chrétienne : a-t-on jamais dit, a-t-on jamais pensé
que cela nuisît au commerce de ces États! Eh!
qu'on s'en rapporte à l'avidité mercantille du soin
de faire concorder l'ère nouvelle avec l'ancienne
pour ses opérations. Quoi! des négocians si habiles
à calculer le cours des changes, ne pourraient sans
peine apprendre que le 1.er germinal correspond
au 21 mars vieux style!

A 3

comment donc pourrait-on critiquer le mode uniforme adopté pour le calendrier! L'un exige essentiellement l'autre; et tous deux se prêteront des secours mutuels.

Quant à l'insuffisance des jours de repos, il y a un moyen fort simple d'y remédier. Suivant l'ancien calendrier, outre 52 dimanches et beaucoup de fêtes, les ouvriers avaient assez généralement, sur-tout dans les villes, l'habitude de ne point se rendre les lundis, c'est-à-dire, pendant 52 jours de l'année, à leurs ateliers. Sur 365 jours, environ 130 étaient ainsi perdus pour le travail. Les lundis, et quelquefois les fêtes avaient d'ailleurs l'inconvénient de ranger de suite deux ou plusieurs jours de repos qui dégénéraient souvent en débauches, et contribuaient plus à détruire les forces qu'à les réparer. Avec le nouveau calendrier rien de plus aisé que de procurer d'une manière légale un repos suffisant, plus d'accord avec les lois de l'économie animale, et moins nuisible aux manufactures et aux progrès de l'industrie chez un peuple actif et laborieux.

(7)

Que les décadis (*) soient *forcément* donnés au repos , et que les quintidis soient *librement* accordés aux ouvriers et à tous les hommes de peine , quelle que soit leur profession. Je dis *forcément* pour les décadis, et ceci est une conséquence du principe reconnu plus haut que l'institution des jours de repos est proprement civile. En effet, comme il serait physiquement impossible que l'homme se livrât au travail sans discontinuation , ce ne serait pas porter atteinte à la liberté que de prescrire par un réglement uniforme les jours où les citoyens ; en se livrant simultanément au repos , trouveraient des moyens de réunion et des plaisirs qu'ils ne pourraient se procurer s'il n'existait point d'identité dans les époques de cessation de travaux. D'ailleurs , si l'on était

---

(*) Le *jour de la décade* est une expression impropre que l'usage semble accréditer , et qui est cependant aussi ridicule que si l'on eût dit auparavant le *jour de la semaine.* La décade comprend les 10 jours, dont le décadi ne forme qu'un seul, le dernier.

astreint à fermer les boutiques chaque décadi, et s'il était défendu de les tenir closes tout autre jour que les décadis et les quintidis, on ne verrait point ces disparates qui annoncent encore l'empire de la superstition ; et les hypocrites qui ne paraissent aujourd'hui faire tant de cas de la religion que parce qu'ils en connaissent l'influence sur le gouvernement, ne pourraient plus manifester un esprit de révolte contre le républicanisme, auquel il faut bien à la fin qu'ils se soumettent. La célébration des dimanches ne servirait plus de signe de reconnaissance aux contre-révolutionnaires, et en fixant des bornes à une tolérance abusive, on mettrait fin à la lutte scandaleuse du fanatisme renaissant contre un gouvernement qui l'a trop ménagé.

Par rapport aux quintidis, ils semblent ne devoir être que volontairement destinés au repos, en autorisant toutefois les ouvriers à s'y livrer ces jours-là, parce qu'il est en effet beaucoup de professions pour lesquelles ce repos ne serait pas nécessaire, et qu'il ne faut point apporter d'entraves inutiles ou préjudiciables à l'activité des pères de famille laborieux et peu fortunés.

La seule modification dont le nouveau calendrier, fruit des méditations et du génie des meilleurs astronomes, paraisse susceptible, consiste donc à sous-diviser les décades en deux parties égales, et en doublant les jours de repos, à les déterminer d'une manière régulière, qui soit tout-à-la fois la plus commode et la plus appropriée aux lois de la nature et à l'ordre social.

Cette opération faite, les moyens de la consolider seront de tenir strictement la main à ce que la superstition rusée n'abuse point, par leur application trop étendue, des principes consacrés par la dernière loi sur la liberté des cultes, et pour cela il faut avoir grand soin d'établir des fêtes décadaires, et de faire concorder les jours de foires et de marchés avec le nouveau calendrier.

Si, à l'instant même de la publication du nouveau calendrier, on n'eût pas commis la faute de négliger l'établissement des fêtes décadaires, le décadi aurait fait plus de sensation, et bientôt on aurait oublié les dimanches ; ce qu'on n'a pas fait alors, il faut se hâter de le faire aujourd'hui.

Quant au changement de jours pour les foires et les marchés, rien n'est plus essentiel, et jamais, dans les campagnes sur - tout, l'on n'habituera le peuple à compter les jours suivant la nouvelle dénomination, si on le force à retenir l'ancienne pour être au courant des usages civils ; que le besoin d'aller au marché, au lieu de rappeler le calendrier ancien, mette au contraire dans la nécessité de se conformer au nouveau. Cette opération est assez délicate, et demande beaucoup de combinaisons ; mais avec le soin d'accorder un délai pour l'exécution des mesures qui seront prises, ce changement n'entraînera point d'inconvéniens.

La loi sur la liberté des cultes n'en tolère l'exercice que dans des lieux parti-culiers. (*) Si on laissait la faculté de louer

---

(*) Celle du 3 ventôse, an IIIe

(11)

les anciens temples pour les employer à
cet usage (*) , le culte reprendrait
inévitablement un caractère de publicité
qu'il ne faut pas permettre, et cette atten-
tion est trop importante, pour fermer les
yeux sur les suites dangereuses de l'apa-
thie ou de l'excessive tolérance.

———————————

(*) Il faut en faire des halles pour le commerce,
dans les lieux où il y a des marchés, et détruire
les autres, si l'on ne trouve pas les moyens de
les employer utilement.

46